Laotse
Die Weisheit des Tao Te King

Laotse
Die Weisheit des Tao Te King

Diederichs

Das *Tao Tè King* wird nach der Übersetzung
von Richard Wilhelm zitiert,
die ebenfalls bei Diederichs erschienen ist.

Bibliografische Information der Deutschen Bibliothek:
Die Deutsche Bibliothek verzeichnet diese Publikation
in der Deutschen Nationalbibliografie;
detaillierte bibliografische Daten
sind im Internet unter http://dnb.ddb.de abrufbar.

© Heinrich Hugendubel Verlag,
Kreuzlingen/München 2005
Alle Rechte vorbehalten

Text des Begleitbuchs:
Richard Reschika, Freiburg i. Br.
Umschlaggestaltung:
Die Werkstatt München / Weiss · Zembsch
Produktion: Ortrud Müller
Satz: EDV-Fotosatz Huber /
Verlagsservice G. Pfeifer, Germering
Printed in Thailand 2005

ISBN 3-7205-2639-9

Inhalt

Das Tao Te King: Ein Klassiker
der Weisheitsliteratur 7

Kurze Einführung in die chinesische
Philosophie des Taoismus 11

Zwischen Dichtung und Wahrheit:
Laotses Leben und Persönlichkeit 25

Das Buch vom Weg und seiner Kraft 41
   Die Grundgedanken 41
   Spirituelle Wege 55

Wirkung und Aktualität der
»Fünftausend-Zeichen-Schrift« 61

Der Gebrauch der Weisheitskarten 73
   Die Tageskarte 75
   Die Problemlösungskarte 76
   Die Meditationskarte 77

Literatur 79

Das Tao Te King:
Ein Klassiker der Weisheitsliteratur

> Nun ist aber doch nicht zu leugnen, dass in den Werken der taoistischen Klassiker die vielleicht tiefsten Aussprüche zur Lebensweisheit enthalten sind, die wir überhaupt besitzen, und dies zwar gerade vom Standpunkte unseres Ideals, des Ideals der schöpferischen Autonomie.
>
> *Hermann Graf Keyserling:*
> *Das Reisetagebuch eines Philosophen*

Das *Tao Te King* des Laotse stellt eines der ganz großen Dokumente ostasiatischer Weisheit dar. Für die Bildung der chinesischen Kultur war es ebenso wichtig wie der konfuzianische Schriftenkanon. Seit seiner weltweiten Verbreitung, die vor rund zweihundert Jahren einsetzte, dürfte es nach der Bibel sogar das meistübersetzte Buch überhaupt sein. Mit Sicherheit ist es jedoch das am häufigsten übertragene Buch der fernöstlichen Literatur. Allein in deutscher Sprache existieren über hundert

Nachdichtungen dieses Hauptwerkes des Taoismus, in dem Philosophie, Religion und Literatur miteinander verschmolzen sind. Und damit scheint immer noch nicht alles über den *Klassiker vom Tao und seiner Wirkkraft* gesagt zu sein: Wie die Zahl seiner Anhänger, so steigt auch die Zahl der Publikationen stetig an.

Worin besteht die Faszination, die von dieser schmalen Schrift über die chinesische Philosophie des Taoismus ausgeht? Dafür gibt es viele Gründe. Besonders zu betonen ist jedoch der Umstand, dass es mit wenigen, zuweilen geheimnisvoll verschlüsselten Worten, durch archaische, zugleich aber höchst lebendig wirkende poetische, mitunter humorvolle Bilder den Menschen eine Fülle tiefgründiger Weisheiten über das Wesen kosmischer wie persönlicher Kräfte zu vermitteln versteht. Denn auch rund 2500 Jahre nach seiner Entstehung werden Menschen unmittelbar von den Botschaften dieser Schrift, die zum Teil wie Zen-Koans anmuten können, erreicht – und zwar jenseits jedweder zeitlicher oder kultureller Schranken. Bis heute vermag das *Tao Te King* Menschen auf der ganzen Welt zu neuen Gedanken und Taten zu inspirieren.

In insgesamt einundachtzig Kapiteln widmet sich sein Schöpfer dabei den vielfältigsten Themen: von den im Dunkeln liegenden Ursprüngen des Universums über philosophische Probleme wie den Sinn des Seins und des Lebens bis hin zu den vermeintlich banalen Alltagsfragen und -sorgen der Leute. In oftmals paradoxen Gleichnissen zeigt Laotse den Menschen zugleich praktische Wege auf, das Wesentliche zu erkennen, das heißt vor allem die rechte innere Einstellung zu finden, um ein sinnerfülltes persönliches und, von besonderer Bedeutung, auch sozial verantwortungsvolles Leben zu führen.

Denn wer im Einklang mit dem ewigen, unendlichen Tao lebt – dem ersten und letzten Prinzip –, vermag Verwirrtheit durch Klarheit zu ersetzen: Ein solcher Mensch trachtet nach Selbsterkenntnis, lernt seine Sinne zu gebrauchen und seine Umwelt unmittelbar zu erfassen; ein solcher Mensch ist sich seiner Gedanken und Emotionen voll bewusst, streitet nicht, macht nicht viele Worte und bildet seine Intuition aus;

ein solcher Mensch gebraucht seine Kräfte, um die Welt ohne Zwang und Gewalt zu gestalten; ein solcher Mensch hegt keine großen Wünsche, sondern entwickelt ein tiefes Verständnis für die natürlichen Gesetzmäßigkeiten der Welt und fügt sich selbstbewusst durch Annehmen und ein So-sein-Lassen in den ewigen Wandel der Dinge ein; ein solcher Mensch strebt nach der Tugend der »Einfachheit«, die dem Urzustand der menschlichen Natur am meisten entspricht; ein solcher Mensch findet zum inneren Gleichgewicht und schließlich zu spiritueller Vollendung; ein solcher Mensch vermag durch das Innewerden des Tao zur Ruhe und sogar zur Erleuchtung zu kommen, wie Will Durant in seinem Buch *Das Vermächtnis des Ostens* festhält: »Wenn alle Wesen und Dinge sich regen, schaue ich, wie sie sich wenden. Ja, die Dinge blühen und blühen, und jedes kehrt zurück zu seiner Wurzel. Rückkehr zur Wurzel ist Stille, und das heißt: sich zur Bestimmung wenden. Wendung zur Bestimmung ist Ständigkeit. Erkenntnis der Ständigkeit ist Erleuchtung.«

Kurze Einführung in die chinesische Philosophie des Taoismus

> Am Taoismus hat mich immer angezogen,
> dass er die Verwandlung kennt und gutheißt,
> ohne zur Position des indischen oder europäischen
> Idealismus zu gelangen. Der Taoismus legt den
> größten Wert auf Langlebigkeit und Unsterblichkeit
> in diesem Leben und die vielfältigen Gestalten,
> zu denen er verhilft, sind hiesige. Er ist die Religion
> der Dichter, auch wenn sie es nicht wissen.
>
> *Elias Canetti: Die Provinz des Menschen*

Zusammen mit dem Konfuzianismus und dem Buddhismus gehört der Taoismus zu den drei großen philosophischen und religiösen Lehren Chinas. Besonders der Taoismus, der eine Textsammlung von rund 1500 Werken besitzt, den so genannten *Taozang,* kann als Chinas tief verwurzelte Lebensweisheit gelten, wobei einige seiner spirituellen Elemente und Methoden mittlerweile auch in den westlichen Ländern wahrgenommen wurden. Sein Name leitet sich von dem Wort »Tao« ab, das wörtlich »Weg« bedeutet, aber im Taoismus für das »Absolute« steht. Im Gegensatz zu Buddhismus, Christentum oder Islam kennt der Taoismus weder eine verbriefte Stifterpersönlichkeit noch ein historisches Anfangsdatum. Er entwickelte sich nach und nach und speiste sich aus verschiedenen, teilweise archaischen Quellen, wie etwa dem Schamanismus mit seinen Methoden zur Verlängerung des Lebens und zur Heilung von Krankheiten.

Die frühesten taoistischen Quellen, darunter das *Tao Te King* des Laotse, werden auf das vierte Jahrhundert vor unserer Zeitrechnung (v.u.Z.) datiert, wobei viele Schriften den Taoisten angeblich in Trancezuständen übermittelt wurden, es sich mithin um göttliche Offenbarungen handelt. Die ersten großen Organisationen entstanden im zweiten Jahrhundert u.Z., wobei sich bis heute zahlreiche und zugleich sehr unterschiedliche Strömungen und Schulen herausgebildet haben, die es kaum zulassen, von einer einheitlichen Religion zu sprechen. So wurden im Laufe der Geschichte Elemente aus

Konfuzianismus, aber auch Buddhismus in das Gedankengut des Taoismus integriert.

Trotzdem kann der Glaube an das Tao, die höchste Wirklichkeit und Wahrheit, das (unbeschreibbare) Absolute als Zentrum der taoistischen Weltanschauung gelten. In paradox anmutender Weise wird das Tao, das erstmals im *Tao Te King* definiert wurde, dabei sowohl als überpersönlicher Urgrund alles Seienden wie als höchste Leere betrachtet, als Ureinheit, aus der sich die Welt nach und nach manifestiert hat. Der englische Schriftsteller T.S. Eliot hat das Tao einmal trefflich mit einem Bild ausgedrückt. Er verglich dieses nämlich mit dem Achsenpunkt eines Rades, der zwar an der Rotation teilhat, selbst aber stillsteht. Diese sich in der Welt offenbarende Wirkkraft des Tao wird als *Te* bezeichnet, was so viel wie »Tugend« heißt. Ein Mensch, der sein Leben in Harmonie mit dem Tao zu führen versteht, wird daher als »wahrer Mensch« oder Heiliger angesehen. Was zeichnet diesen im Einzelnen aus?

In erster Linie praktiziert ein mit dem Tao im Einklang Lebender das »absichtslose Handeln«

oder »Nicht-Handeln« (chin. *Wuwei*), das heißt, er greift weder in den natürlichen Wandel der Welt ein, noch schafft er etwas Künstliches. Vielmehr versucht er, sich harmonisch in ein Universum einzufügen, das von der Lebenskraft *Qi* durchströmt wird und einem steten Wandel unterworfen ist, mit den Worten des *Tao Te King*:

> Der SINN ist ewig ohne Machen,
> und nichts bleibt ungemacht.
> Wenn Fürsten und Könige ihn zu wahren verstehen,
> so werden alle Dinge sich von selber gestalten.
> Gestalten sie sich und es erheben sich die Begierden,
> so würde ich sie bannen durch namenlose Einfalt.
> Namenlose Einfalt bewirkt Wunschlosigkeit.
> Wunschlosigkeit macht still,
> und die Welt wird von selber recht.
>
> (Kap. 37)

Nach taoistischer Auffassung sind für die Wandlungen der Welt zwei dynamische, komplemen-

täre Kräfte oder Ordnungsprinzipien verantwortlich: das polar aufeinander bezogene Yin-Yang-Paar sowie fünf Wandlungsphasen, die mit den Elementen Holz, Feuer, Erde, Metall und Wasser identifiziert werden. Yin (das Weibliche, Dunkle, Kalte, Passive, die Erde usw.) steht dabei in einem steten Wechselspiel mit Yang (das Männliche, Helle, Warme, Aktive, der Himmel usw.), die ausnahmslos alle Lebensbereiche bestimmen. In gleicher Weise werden mit den fünf genannten rhythmischen Wandlungsphasen Phänomene wie Himmelsrichtungen, Jahreszeiten, Zahlen, Tugenden, Gefühle, Farben, innere Organe usw. in Verbindung gebracht, sodass man von einem ausgefeilten Entsprechungssystem zur Klassifizierung aller möglichen Erscheinungen sprechen kann. Vor diesem Hintergrund wird auch verständlich, dass sich im Mikrokosmos des menschlichen Körpers der Makrokosmos des Universums spiegelt und damit beide den gleichen natürlichen Gesetzmäßigkeiten unterliegen, das heißt alle Dinge denselben Ursprung, dieselben zugrunde liegenden Muster besitzen.

Ein Schlüsselmotiv des Taoismus stellt der Wunsch nach mystischer Einswerdung mit dem Tao dar, um dergestalt Unsterblichkeit zu erlangen. Voraussetzung dafür ist die volle Entfaltung des inneren Wesens. Diese Suche nach Unsterblichkeit wurde dabei sowohl in einem religiös-transzendenten als auch in einem durchaus konkreten, vitalen Sinne als so genannte »Lebenspflege« verstanden, nämlich als Erlangung körperlicher Unvergänglichkeit mithilfe gewisser Praktiken (Atemübungen wie die Embryonalatmung, bei der man den Atem anhält und im Körper kreisen lässt, Ernährungsvorschriften, Sexualtechniken, Massagen usw.). Aus ihrem religiösen Zusammenhang genommen, werden Letztere heutzutage weltweit jedoch nur noch zur Förderung der Gesundheit eingesetzt.

Darüber hinaus glauben die Taoisten an die Existenz von Göttern, Geistern und Unsterblichen. Unter den Unsterblichen versteht man Wesen mit magischen Fähigkeiten, Wesen, die als Befreite nicht mehr den Gesetzen der Welt unterliegen. Mit den zahlreichen Göttern, die als Emanationen, gleichsam als »Ausfluss« des Tao gelten, kommunizieren die Menschen – häufig über die Vermittlung von Priestern – durch Gebete, Meditationen und Rituale. Leben und Tod gehören im Taoismus wie Yin und Yang zusammen und stellen zwei Zustände im Zyklus des Wandels dar. Als Teil der universellen Lebensenergie muss der Mensch, der geboren wird, zwangsläufig auch wieder vergehen. Lediglich die innere Natur des Menschen ist wie das Tao unsterblich. Um in Letzterem ganz und gar aufgehen zu können, muss der Mensch allerdings seine Verhaftungen an die Welt überwinden und sich auf seine Wesensmitte konzentrieren, das heißt sich von der Vielfalt der Welt abkehren und zur Einheit des Tao zurückfinden. Unter Taoisten entwickelte sich im Laufe der Zeit die Überzeugung, dass der Adept nur scheinbar stirbt, das heißt in Wirklichkeit in eines der Paradiese oder zu den Inseln der Glückseligkeit außerhalb Chinas eingeht.

Wie bereits angemerkt, gab es im Lauf der Geschichte verschiedene Schulen, darunter die von Zhang Taoling im Westen Chinas gegründete taoistische »Kirche«, den *Taoismus der Him-*

melsmeister, der bis heute besteht. Der Legende nach soll im Jahr 142 Zhang Taoling der Gott Laotse höchstpersönlich erschienen sein und ihm den Titel Himmelsmeister verliehen haben, und zwar mit dem Auftrag, die religiöse Führung der Menschen zu übernehmen. Seit diesem Ereignis gibt es als Vertreter Laotses (vergleichbar mit dem Papst, aber ohne Lehr- und Befehlsgewalt) einen Himmelsmeister an der Spitze der taoistischen Kirche, dessen Position vom Vater auf den Sohn vererbt wird. Der aktuelle Himmelsmeister lebt in Taiwan. Die auch als *Taoismus der orthodoxen Einheit* bekannte Richtung der Himmelsmeister bildet heute eine der beiden Hauptströmungen des gelebten Taoismus. Die andere ist die alchemistische *Schule der Vollkommenen Wirklichkeit*.

Eine andere taoistische Strömung, die als Offenbarungsreligion gelten darf, bildet der so genannte *Taoismus der Höchsten Klarheit*. Sein Stifter ist Yang Xi (330–386), dem über einen Zeitraum von vier Jahren göttliche Wesen jene Schriften diktiert haben sollen, die fortan die Grundlage dieser Tradition darstellten. Verbreitung fand der

Taoismus der Höchsten Klarheit durch die Gründung von Klöstern, die auch Laien zugänglich waren. Im Mittelpunkt seiner Lehren steht die spirituelle Vervollkommnung des Menschen, die Erlangung der Unsterblichkeit im Sinne einer Unio mystica mit dem Tao sowie Götteranbetung, Meditation, Visualisierungstechniken und das Rezitieren heiliger Texte.

Auf der Grundlage einer Sammlung von vierzig Schriften entstand sodann im vierten Jahrhundert u.Z. der *Taoismus des Numinosen Juwels*, der Elemente des indischen Mahayana-Buddhismus (unter anderem den Karma- und Reinkarnationsgedanken) integrierte und dergestalt nicht mehr nur die eigene Erlösung, sondern auch das Wohl aller Menschen an Bedeutung gewann. Neben dem Rezitieren religiöser Schriften galt es, moralische Vorschriften zu verfolgen und mehrtägige Reinigungs- und Fastenrituale zu vollziehen, die von Musik, Tanz, Gebeten und Meditationen begleitet wurden.

Seine Blütezeit erlebte der Taoismus während der Tang-Epoche (618–907), Chinas Goldenem Zeitalter, in der er auch von staatlicher Seite her

Unterstützung fand. So gründete Kaiser Xuangzong (713–756) ein taoistisches Studienzentrum und versammelte Gläubige an seinem Hof. Laotses *Tao Te King* wurde zum Prüfungsstoff bei Staatsexamina erhoben. Klösterliches Leben stieg zusehends im Ansehen, wie es nicht zuletzt die Gründung vieler staatlicher Klöster erkennen ließ. Der wachsende Einfluss des Staates auf das religiöse Leben hatte aber auch Formalisierungs- und Standardisierungstendenzen zur Folge: Alle Klöster, Tempel und Einsiedeleien gerieten unter seine Oberaufsicht.

Von besonderer Bedeutung innerhalb der über zweitausend Jahre alten Geschichte des Taoismus ist die Alchemie, jene Geheimwissenschaft, deren oberstes Ziel die Erlangung der Unsterblichkeit bildete, und zwar entweder im Sinne körperlicher Gesundheit oder als Unio mystica mit dem Tao. Während sich die so genannte »äußere« chinesische Alchemie mit der sozusagen labormäßigen Herstellung eines trinkbaren Unsterblichkeitselixiers aus Pflanzen oder Mineralien beschäftigte (Goldenes Elixier), widmete sich die »innere« oder »physiologische

Alchemie« der Schaffung eines Unsterblichkeitselixiers mittels körpereigener Energien, die durch entsprechende Meditationspraktiken, aber auch Vorschriften hinsichtlich der Ernährung und der Sexualität aktiviert werden sollten.

Einen weiteren Höhepunkt erlebte der Taoismus in der Ming-Zeit (1368–1644). Während dieser Periode bildeten sich viele kleine taoistische Schulen, und obwohl der Konfuzianismus Staatslehre war, bevorzugten einige Kaiser den Taoismus, und zwar in erster Linie dessen Praktiken zur Erlangung von Unsterblichkeit. Als wichtigstes geistiges Kennzeichen dieser Zeit kann die Idee der wesensmäßigen Einheit von Konfuzianismus, Buddhismus und Taoismus gelten.

In der Qing-Epoche (1644–1911) wandten sich die Kaiser mehr dem tibetischen Buddhismus zu, sodass der Einfluss der Taoisten am Kaiserhof zu schwinden begann. Doch während das klösterliche Leben an Ansehen verlor, erlebte der Laientaoismus einen großen Aufschwung. Der Abt Wang Chongyue (gest. 1680) vom *Kloster der Weißen Wolken* in Peking verschaffte der im

12. Jahrhundert gegründeten *Schule der Vollkommenen Wirklichkeit* neue Geltung, indem er eine Verbindung zwischen dem klösterlichen Taoismus und dem weltlichen Neo-Konfuzianismus herstellte. Die von ihm gegründete und in ganz China verbreitete *Drachentor-Schule* überlebte bis in unsere Zeit.

Vor einem regelrechten historischen Aus schien der Taoismus in China während der Großen Proletarischen Kulturrevolution von 1966 bis 1970 zu stehen: Die Kommunisten, die sich gegen die »Vier Alten« (alte Bräuche, alte Sitten, alte Ideen, alte Kultur) und somit auch gegen alles Religiöse richteten, verboten die Religionsausübung, zerstörten zahllose Heiligtümer und laisierten oder töteten gar einen nicht geringen Teil der Mönche und Nonnen. Weiterexistieren konnte die taoistische Tradition nur im Verborgenen. Immerhin gelang es der Religion der Himmelsmeister in Taiwan zu überleben. Im Anschluss an die Kulturrevolution kam es nach Mao Zedongs Tod im Jahre 1976 jedoch zu einem allmählichen Wiedererstehen des Taoismus in China, wenn auch nur unter staatlicher Aufsicht, etwa in Form neuer Studienzentren oder restaurierter Tempel und Klöster, die wieder von Nonnen und Mönchen bewohnt werden können. Anfang der 1990er-Jahre gab es sogar einen Austausch mit taiwanesischen Taoisten. In jüngster Zeit ist ein wachsendes Interesse an der Erforschung des Taoismus, sowohl in theoretischer als auch praktischer Hinsicht, zu verzeichnen.

Zwischen Dichtung und Wahrheit: Laotses Leben und Persönlichkeit

> Wie alles Geschichtliche, so löst sich auch das Lebensgeschichtliche für den Mystiker auf in wesenlosen Schein. Und doch spricht uns aus den vor uns liegenden Aphorismen eine originale und unnachahmliche Persönlichkeit an, unseres Erachtens der beste Beweis für ihre Geschichtlichkeit.
>
> *Richard Wilhelm*

Laotse gilt neben Konfuzius zweifellos als die einflussreichste, zugleich aber auch die dunkelste Gestalt der chinesischen Geistesgeschichte. Was uns über Leben und Persönlichkeit des Urvaters des Taoismus überliefert wurde, ist irgendwo im Grenzbereich zwischen Dichtung und Wahrheit anzusiedeln. Schenkt man der Tradition Glauben, so war Laotse nicht nur der Autor des berühmten *Tao Te King*, sondern auch ein Zeitgenosse des Konfuzius (551–479 v.u.Z.). Laut der ersten und einzig offiziellen Kurzbiografie Laotses im so genannten *Shiji* (dt.: Aufzeichnungen des Großhistorikers), dem wichtigsten von Sima Qian (ca. 145–86 v.u.Z.) verfassten altchinesischen Geschichtswerk, stammt er aus dem Dorfe Quren, im Distrikt Lai der Provinz Hu in Chu, was dem heutigen Luyi in der Provinz Henan entspricht. Wie Sima Qian selbst schreibt, ist er sich jedoch seiner Quellenlage, die viel Widersprüchliches enthält, sehr unsicher, sodass er nicht mit Bestimmtheit sagen könne, ob Laotse wirklich gelebt hat.

Laotse, der Name unter dem er in Europa bekannt wurde, ist dabei gar kein Eigenname, sondern ein Appellativum, das im Chinesischen wörtlich »Alter Meister« bedeutet. Sein Familien- oder Sippenname war Li, »der an Häufigkeit in China«, wie Richard Wilhelm schreibt, »den deutschen Namen Maier noch übertrifft«. Sein Vorname lautete Er (Ohr) und sein Mannesname Dan, was dazu führte, dass er in den meisten philosophischen Texten als Laotse oder Lao Dan (wörtlich: altes Langohr, sinngemäß übersetzt: alter Lehrer) genannt wird. In China symbolisieren große Ohren eine tiefe Weisheit, die man in erster Linie mit alten Menschen in Verbindung brachte.

Nach der erwähnten, von Generation zu Generation weitergegebenen und bis heute lebendig gebliebenen Lebensbeschreibung Laotses war dieser Archivar am Hofe des Königs von Zhou und traf zu jener Zeit mit Konfuzius zusammen: Eine Begegnung zwischen den beiden großen Männern, die in der Literatur zwar oft beschrieben wurde, aber nicht als historisch gelten kann – wie es überhaupt an überprüfbaren Geschichtsquellen in Bezug auf Laotse mangelt. »Jedenfalls war dieses Zusammentreffen«, wie Richard Wilhelm festhält, »in der Zeit der Handynastie (zwei Jahrhunderte v. Chr.) schon so geläufig im Volksbewusstsein, dass wir in den berühmten Grabskulpturen in Westschantung (bei Gia Siang) eine bildliche Darstellung davon finden, wie Kung bei seinem Besuch dem Laotse als Ehrengabe einen Fasan überreicht. Über die Gespräche, die bei dieser Gelegenheit geführt wurden, finden sich mannigfache Berichte. Sie stimmen alle darin überein, dass Laotse über die Heroen der Vorzeit, die geehrten Vorbilder

Kungs, ziemlich absprechend urteilt und ihn von der Hoffnungslosigkeit seiner Kulturbestrebungen zu überzeugen sucht, während Kung seinen Jüngern gegenüber sich voll Hochachtung über den unfassbar tiefen Weisen äußert …«

Auch wenn man Sima Qians vager und anekdotendurchsetzter Biografie folgt, war Laotse ein älterer Zeitgenosse und Lehrer des Konfuzius. Aufgrund von Zwistigkeiten am Hofe des Zhou-Königs und zunehmender Verschlechterung der gesellschaftlichen, vor allem moralischen Zustände, die keine Aussicht auf Wiederherstellung der Ordnung mehr versprachen, entschloss sich Laotse dazu, seinen Posten aufzugeben und nach Westen zu reisen, um dort die »Barbaren« zu bekehren. Er repräsentiert dergestalt den Typus des »guten Beraters«, der sein Amt niederlegt, wenn er den menschlich-moralischen Qualitäten des Herrschers nicht mehr zustimmen kann. Am Hsien-ku-Pass kam es dann zu einem folgenreichen Ereignis, das auch auf zahlreichen Tuschbildern, Holzschnitten oder Steinabreibungen künstlerischen Ausdruck fand: Der auf einem schwarzen Wasserbüffel reitende Laotse traf mit dem Passwächter Yin Xi zusammen. Auf die drängenden Bitten des auch als Kuan-yin-tzu bekannten Grenzbeamten, doch etwas Schriftliches für die Nachwelt zu hinterlassen (»Ich sehe, Herr, dass du in die Einsamkeit gehen willst; ich bitte dich um meinetwillen, schreibe deine Gedanken in einem Buche nieder«), verfasste Laotse schließlich die fünftausend Zeichen umfassende Aphorismensammlung des *Tao Te King*, die zur Basis für den Taoismus werden sollte. Nach der Überquerung des Passes verlieren sich dann Laotses Spuren im Westen. »Niemand weiß, wo er sein Leben beschloss«, heißt es bei Sima Qian.

Aufgrund dieser Begegnung wurde auch Yin Xi eine wichtige Figur im religiösen Taoismus und als Unsterblicher in das taoistische Pantheon aufgenommen. Er gilt als der Autor des Werkes *Kuan-yin-tzu*, in dem die taoistische Meditation erklärt wird. Der Legende nach lebte auch Yin Xi im Verborgenen, das heißt: Niemand kannte ihn. Er pflegte die Essenz von Sonne und Mond in sich aufzunehmen. Als Laotse sich ihm näherte, erkannte er bereits an dessen *Qi,* das heißt an dessen persönlicher Lebensenergie, dass es sich bei ihm um einen *Wahren Menschen*, einen alten, weisen Meister handelte. Später soll Yin Xi als Schüler Laotses, der ihm den Weg der Selbstvervollkommnung aufzeigte, in den Westen gefolgt sein und ebenfalls nie mehr gesehen worden sein.

Es gibt bis heute Stimmen, die behaupten, dass dieser Grenzwächter um die Geschichte der Philosophie ungefähr das gleiche Verdienst habe wie Laotse selbst. Denn hätte dieser nicht den Meister zur Niederschrift seiner Gedanken genötigt, so wäre die Literatur der Welt um eines ihrer erhabensten Bücher ärmer und die Gedanken eines der größten Weisen aller Zeiten und Völker wären ihm verschlossen geblieben, ohne der Nachwelt eine Spur zu hinterlassen. Ja, es stellt sich grundsätzlich die Frage, bei wie viel anderen Weisen dies schon der Fall gewesen sein mag.

Auch wenn Laotse traditionell als Autor des *Tao Te King* angesehen wird, hat die Forschung mittlerweile gezeigt, dass dieses Werk nicht vor dem vierten oder dritten Jahrhundert v.u.Z.

entstanden sein und daher nicht von Laotse selbst stammen kann. Vielmehr spricht einiges dafür, dass es sich um eine Kollektivarbeit handelt, das heißt der Text von verschiedenen »alten Weisen« verfasst wurde.

Vom Autor des *Shiji* wird Laotse folgendermaßen charakterisiert: »Laotse pflegte das Tao und das Te. Nach seiner Lehre muss man danach trachten, namenlos im Verborgenen zu leben.« Eine Haltung, die sich auch in einem vermeintlichen Dialog des Laotse mit Konfuzius widerspiegelt: »Als Konfuzius nach Zhou ging, erkundigte er sich bei Laotse nach den Riten. Jener antwortete: Die Knochen jener, von denen du sprichst, sind längst zu Staub zerfallen; nur ihre Worte sind uns erhalten. Im Übrigen ist die Zeit dem Edlen günstig, dann begibt er sich im Wagen an den Hof. Ist sie ihm ungünstig, so streift er unscheinbar gekleidet umher. Ich habe gehört, dass ein guter Kaufmann seine Reichtümer verbirgt, als ob er mittellos wäre. Besitzt der Edle innere Tugend in Fülle, so wirkt er äußerlich wie ein Tor. Leg ab deine hochfahrende Miene, deine Begierden, deine Eitelkeit und deinen Eifer, alles Dinge, die dir zu nichts frommen! Das ist alles, was ich dir zu sagen habe.‹ Konfuzius zog sich zurück und sagte zu seinen Schülern: ›Vom Vogel weiß ich, dass er fliegen kann, vom Fisch, dass er schwimmen kann, von den Vierfüßern, dass sie laufen können. Die Tiere, die laufen, kann man mit dem Netz, die Tiere, die fliegen, sind mit dem Pfeil zu treffen. Allein der Drache lässt sich mit Gedanken nicht fassen. Er schwingt sich auf dem Wind und den Wolken gen Himmel. Heute habe ich Laotse gesehen. Er ist wie ein Drache!«

Wie um viele Weisheitslehrer ranken sich auch um Laotses Person zahlreiche Legenden, die ihn ins Mythische, ins Übermenschlich-Göttliche erhöhen. Diese entstanden wohl aus dem Bedürfnis der damaligen Zeit heraus, eine Überlieferung historisch greifbar und zu einer Schule gehörend zu machen. Das beginnt schon mit der Geburt. Einer berühmten Legende nach wurde Laotses Mutter durch die Berührung mit einem Meteoriten schwanger. Dergestalt empfing Laotse unmittelbar die Lebenskraft des

Himmels. Trotzdem erschien er in Menschengestalt in der Familie Li und nahm aus diesem Grund den Nachnamen Li an. Ihren Sohn soll Laotses Mutter ganze 72 Jahre lang (andere Legenden sprechen von 81 Jahren) unter dem Herzen getragen haben, bis sich ihre linke Achselhöhle geöffnet habe und ein Kind hervorgetreten sei, dessen Haar bereits weiß geworden war. Diese Geschichte soll auch Laotses Namen erklären, der im Chinesischen nicht nur »alter Meister«, sondern auch »altes Kind« bedeuten kann!

Folgt man einer Legende aus dem vierten Jahrhundert u.Z., so war Laotses Geburt als Sohn von Frau Li seine zweite Geburt, nämlich seine Inkarnation auf der Erde. Denn Laotse war bereits vor der Entstehung der Welt durch die Verschmelzung kosmischer Energien ins himmlische Dasein getreten: »Zuerst entstand inmitten der Leere das Nichtseiende. Das Nichtseiende verwandelte sich in drei Energien, in die geheimnisvolle, die ursprüngliche und die anfängliche Energie. Diese brachten die Jadedame des geheimnisvollen Wunderbaren hervor. Dann verschmolzen die Energien ein zweites Mal und erzeugten Laotse, der aus der linken Armhöhle der Jadedame hervortrat. Nach seiner kosmischen ›Geburt‹ als himmlisches Wesen erschuf Laotse die Welt, in der er dann später selbst erschien. Er verwandelte seine bisherige Gestalt in den Leib seiner Mutter Li und ging als Embryo in ihn ein. So trug er sich selbst aus. Im Mutterleib rezitierte er fortwährend die heilige *Schrift von den drei Terrassen*, bis er nach 81 Jahren als Kind mit weißem Haar die linke Achselhöhle seiner ›Mutter‹ öffnete und durch sie auf die Welt kam.« (Darga: *Laotse*)

Auch die Begegnung zwischen Laotse und dem Passwächter wurde im Laufe der Jahrhunderte ins Mythische überhöht: In seinen *Berichte(n) über das Leben Unsterblicher* zeichnet Liu Xiang (77–6 v.u.Z.) verschiedene Heiligenlegenden auf. Darunter eine, wonach der Passwächter schon im Vorhinein wusste, dass ein Weiser sich auf den Weg zum Grenzpass begeben hatte, da sich als Vorzeichen ihrer Begegnung eine purpurfarbene Wolke am Himmel gebildet hätte. Wie der spätere Schüler seinen

Meister, habe aber auch der Meister sofort die besonderen Gaben des Schülers erkannt – und somit ihre beiderseits zu erfüllenden Pflichten.

Dasselbe Meister-Schüler-Motiv findet sich fünf Jahrhunderte später im so genannten *Buch vom westlichen Aufstieg* (*Xisheng jing*), demzufolge der Passwächter Laotse um Unterweisung bittet, woraufhin dieser das *Tao Te King* niederschreibt. In der Zusammenfassung von Martina Darga: »Im Weiteren belehrt der Alte Meister den Passwächter mündlich und trägt ihm auf, sich auch praktisch in der Vervollkommnung seiner selbst zu üben. Sogleich legt Yin Xi sein Amt nieder und widmet sich fortan nur noch der Meditation und der Rezitation des *Tao Te King*. Laotse steht ihm weiterhin als Meister zur Seite, entschließt sich dann aber zum Rückzug aus der gewöhnlichen Welt. Er entschwindet so, wie das vollkommene Unsterbliche tun: Er steigt in den Himmel auf. Verzweifelt bittet Yin Xi seinen Meister, wenigstens ein einziges Mal zurückzukommen. Schwebend und leuchtend erscheint Laotse seinem Schüler ein letztes Mal mit den Worten: ›Wahre das Eine, und alles ist wohlgetan.‹ Yin Xi kappt alle noch verbleibenden sozialen Bindungen und begibt sich aus ganzem Herzen auf den Weg der Unsterblichkeit.«

Eine andere Version derselben Geschichte vom vollkommenen Lehrer und seinem gewissenhaften Schüler Yin Xi findet sich in Yin Xis Biografie aus dem siebten Jahrhundert u.Z., die in der Enzyklopädie *Perlenbeutel der drei Höhlen* (*Sandong zhunang*) aufgezeichnet wurde. Geschildert wird darin, wie Laotse auf seiner Reise in den Westen an den Pass kommt, wo er von Yin Xi um geistige Unterweisung gebeten wird. Doch Laotse gibt zunächst vor, nur ein armer, einfältiger Bauer zu sein. Auf Yin Xis Drängen fordert Laotse diesen auf, ihm zu sagen, weshalb er dem Tao folgen wolle und wie er Laotses wahre Natur erkannt habe. Da Yin Xi ausführliche Erklärungen abgibt und Laotse von dessen tiefem Wunsch und fester Entschlossenheit überzeugt ist, akzeptiert er diesen als Schüler. Er überliefert ihm das *Tao Te King* und andere Texte, unterrichtet ihn und gibt ihm praktische Methoden zur Selbstvervollkommnung an die Hand. Bevor sich Laotse für drei Jahre zurückzieht weist er Yin Xi an, derweilen intensiv zu üben, wobei er nach Ablauf dieser Zeit ein Wiedersehen in Aussicht stellt. Nachdem sich Yin Xi während des vereinbarten Zeitraumes ausschließlich der taoistischen Praxis gewidmet hat, geht er auf die Suche nach seinem Meister, der in Chengdu bei einer Familie wohnt. Die Fortschritte des Schülers prüfend, befindet Laotse seinen Schüler für würdig, den Rang eines Unsterblichen zu erlangen. Eine von Laotse einberufene himmlische Prozession verleiht Yın Xi offiziell die entsprechende Kleidung sowie Namen und Rang eines Unsterblichen. Im Anschluss daran nimmt Laotse Yin Xi auf eine Reise durch das Universum mit, die sie bis zu den Gefilden der Unsterblichen führt. Zusammen begeben sie sich schließlich auf eine Missionsreise zu den Barbaren außerhalb Chinas, um diesen die Lehre des Tao nahe zu bringen.

Nicht minder von Legenden umrankt ist Laotses letzte Lebensphase: Einigen Quellen zufolge soll er über hundertsechzig und sogar zweihundert Jahre alt geworden sein, wobei er dieses hohe Alter durch seine Vollkommenheit im Tao erreicht habe. Seine Überquerung des Passes und sein anschließendes Verschwinden im Westen wurde beispielsweise damit erklärt, dass Laotse nach Indien ging, wo er mit dem Buddha zusammentraf, der sein Schüler geworden sein soll. Diese Auffassung wird von den Taoisten in ihren Auseinandersetzungen mit den Buddhisten vertreten. Richard Wilhelm bemerkt hierzu: »Bei den späteren Auseinandersetzungen zwischen den beiden Religionen behaupteten beide, dass der Religionsstifter der andern bei dem der eigenen Religion gelernt habe. In Wirklichkeit ist der Han-Gu-Pass nur im Westen des damaligen Staates Dschou, aber noch mitten in China. Irgendeine persönliche Berührung zwischen Laotse und Buddha ist vollkommen ausgeschlossen. Man hat da spätere Zustände in das historische Bild zurückgetragen. Aber dabei blieb es nicht. Gerade weil das Leben des ›Alten‹ der Forschung so wenig Anhalt bot, konnte die Sage umso freier damit schalten. Die Persönlichkeit des verborgenen ›Alten‹ wuchs immer mehr ins Riesengroße und zerfloss schließlich zu einer kosmischen Gestalt …«

In der späteren Han-Zeit (25–220 u.Z.) begann schließlich die Verehrung der Person und des Philosophen Laotse als Gottheit. Aus Laotses Lehre wurde eine Religion mit eigenem Oberhaupt, mit Klöstern, Sekten und magischen Praktiken. Im religiösen Taoismus wird die Gestalt des Laotse ins Göttliche erhoben und als T'ai-shang lao-chün oder Tao-te t'ein-tsun (Himmlischer Ehrwürdiger des Tao und des Te) verehrt. Laotse gilt bei ihnen als der Begründer des religiösen Taoismus.

Im historischen Sinne kann die Existenz Laotses jedoch nicht eindeutig bewiesen werden. Heutzutage gehen Wissenschaftler – seien es nun Chinesen, Japaner oder Gelehrte aus dem Westen – im Allgemeinen davon aus, dass er eine mythische Persönlichkeit ist. Andere wiederum räumen zwar seine Existenz ein, vertreten aber sehr unterschiedliche Ansichten hinsichtlich seiner Lebenszeit und hinsichtlich bestimmter Ereignisse seines Lebens. Ein Umstand, der der großen Bedeutung dieses Mannes als einem der größten Weisen und seines Werkes in der chinesischen Geistesgeschichte und im

Volksglauben jedoch keinen Abbruch tun dürfte, wie schon Richard Wilhelm erkannte, als er schrieb: »Aus dieser Spärlichkeit und Unsicherheit der Nachrichten ergibt sich klar, dass wir über das Werk des Laotse wenig Aufschluss gewinnen können aus seiner Lebensgeschichte. Wie alles Geschichtliche, so löst sich auch das Lebensgeschichtliche für den Mystiker auf in wesenlosen Schein. Und doch spricht uns aus den vor uns liegenden Aphorismen eine originale und unnachahmliche Persönlichkeit an, unseres Erachtens der beste Beweis für ihre Geschichtlichkeit. Aber man muss das Gefühl für solche Dinge haben, streiten lässt sich darüber nicht. Schließlich kommt der Frage kein entscheidendes Gewicht zu. Der Taoteking ist jedenfalls vorhanden, einerlei wer ihn geschrieben hat.« Wie Richard Wilhelm an anderer Stelle seines Kommentars zum *Tao Te King* mutmaßt, wollte Laotse womöglich »gar nicht in der Zeitlichkeit wirken. Darum verschwimmt er für das historisch gerichtete China in nebelhafte Fernen, da ihm niemand zu folgen vermag.«

Das Buch vom Weg
und seiner Kraft

> *Das* Tao Te King *in seiner epigrammatischen*
> *Kürze ist als Weisheitsbuch beinahe ebenso*
> *unerschöpflich wie das TAO, der SINN,*
> *von dem es handelt. Die starke und*
> *unmittelbare Wirkung, die es auch heute,*
> *nahezu dreitausend Jahre nach seiner*
> *Entstehung, noch auf uns hat, beruht darauf,*
> *dass Laotse seinen Erkenntnissen in ganz elementaren,*
> *ja fast archetypischen Bildern Ausdruck gibt.*
>
> Richard Wilhelm

Die Grundgedanken

Da man von der Biografie des Verfassers des *Tao Te King* kaum etwas weiß, steht notgedrungen das Werk an erster Stelle. Das Laotse zugeschriebene *Tao Te King*, der Klassiker vom Tao und seiner Wirkkraft, gehört zu den Basistexten des Taoismus, genauer gesagt, zum »philosophischen Taoismus«. (Der religiöse Taoismus richtete sein Augenmerk indes auf Langlebigkeit und Unsterblichkeit, die er, wie bereits angerissen, durch diverse Physio- und Psychotechniken zu erreichen trachtete.) Die Mehrzahl der Forscher geht heutzutage davon aus, dass es ungefähr im vierten Jahrhundert v.u.Z. und zwar höchstwahrscheinlich auf der Grundlage von mündlichen Überlieferungen mehrerer taoistischer Meister schriftlich niedergelegt wurde. Von dem Text existieren rund dreihundert Versionen, deren Erhaltungszustand jedoch sehr schlecht ist: Auslassungen, Missdeutungen, das Fehlen von Satzzeichen usw. erschweren das Verständnis. Hinzu kommt, dass die Übersetzungen sich teilweise erheblich unterscheiden, selbst jene ausgewiesener Sinologen.

Auch zwei neue Versionen des *Tao Te King*, die man in den 1970er-Jahren in einem alten Grab in der chinesischen Provinz Hunan gefunden hat, die so genannten »Seidenmanuskripte von Mawangdui«, brachten nur bedingt neue Erkenntnisse. Denn obgleich sich diese etwa auf das Jahr Zweihundert u.Z. zurückdatieren lassen, das heißt mindestens vierhundert Jahre jünger als die bereits bekannten überlieferten Texte sind, weisen die Seidenmanuskripte große Ähnlichkeiten mit den älteren Texten auf. Der Hauptunterschied besteht darin, dass die beiden Teile des Buches umgekehrt angeordnet sind: Sie handeln nicht von *Tao* und *Te*, sondern erzählen von Te und Tao. 1997 fand man in Guodian, in der Provinz Hubei, ein Fragment, das vermutlich aus dem vierten Jahrhundert v.u.Z. stammt.

Wie schwer es ist, die Struktur des Denkens aus der Zeit Laotses in heutiger Umgangssprache nachzuvollziehen, lässt sich beispielsweise an der Übersetzung des ersten Satzes aus dem zweiundvierzigsten Spruch des *Tao Te King* zeigen. Ein und derselbe Gedanke erscheint in verschiedenen Übersetzungen in teilweise völlig anderer Gestalt:

»Der SINN erzeugt die Eins.«
(Richard Wilhelm)
»Die Bahn sonderte das Eins.«
(Alexander Ular)
»Aus dem Tao entsteht das Eins.«
(Lin Yutang)
»Der Weg schuf die Einheit.«
(Günter Debon)

»Das Tao gebar das Eine.«

(Ernst Schwarz)

»Der Weg erzeugt eins.«

(Hans Knospe und Odette Brändli)

»Tao erzeugt das Eine.«

(Wolfgang Kopp)

»Die Führerin des Alls bringt die
Einheit hervor.« (Erwin Rousselle)

Der Text des *Tao Te King,* der aus zwei großen Teilen besteht – von Richard Wilhelm in seiner Übersetzung als *Sinn* (Aphorismen 1–37) beziehungsweise *Das Leben* (Aphorismen 37–81) tituliert –, setzt sich aus Sprichwörtern und gereimten Sentenzen zusammen, die viele Wortspiele enthalten. Mit seinen lakonischen Worten, lapidaren Gedankenbrocken und dialektischen Zügen erinnert das *Tao Te King* in Europa zuweilen an den Vorsokratiker Heraklit. Ihm kommt eine ebenso große Bedeutung für die chinesische Kultur zu wie dem berühmten griechischen Philosophen für das abendländische Denken. Ohne Einsicht in dieses Werk lässt sich der Taoismus wohl kaum verstehen – darin sind sich die Experten einig. Nach Joseph

Needham, dem großen englischen Sinologen, ist diese Schrift »vielleicht das tiefste und schönste Werk der chinesischen Sprache«, und Günter Debon bezeichnete sie zugleich als die »heiligste Quelle chinesischer Mystik«, in der Lebensweisheit und politisches Denken zusammenfließen.

Das durch äußerste Knappheit und Konzentration geprägte Werk setzt sich aus kurzen Aphorismen über das Tao und eine mit diesem in Einklang stehende Lebensführung zusammen, wobei sich einige der insgesamt einundachtzig Sprichwörter und zum Teil gereimten Sentenzen auf die Kunst der Staatsführung beziehen. Aus diesem Grund hat man es einmal treffend als »Vermengung von Mystik und Staatsführung« (Günter Debon) bezeichnet. Dass diese sonderbar anmutende Vermengung möglich ist, liegt in der universalistischen Weltauffassung der Chinesen begründet, derzufolge sich Mikro- und Makrokosmos, Himmel und Erde in unmittelbarer Wechselwirkung befinden. Dergestalt machen viele der Aphorismen eine Aussage über das Tao, die dann zur entsprechenden persönlichen oder politisch-regierungsbezogenen Umsetzung überleiten.

Zu den Leitbegriffen des Werkes gehört zweifellos an erster Stelle das Urwort der chinesischen Religionsgeschichte: das Tao. Dabei stellt dieses einen vor ähnliche Übersetzungsschwierigkeiten wie etwa die Begriffe Nirwana, Zen oder Yoga, deren Bedeutung ebenfalls gleichsam nur »einkreisend« erfasst werden kann. Das alte Piktogramm besteht aus dem Zeichen für »gehen« und dem Zeichen für »Kopf«. Entsprechend sind die Hauptbedeutungen einerseits »Weg«, »Lauf«, »Methode« sowie »führen«, »zeigen« und »leiten«, andererseits »sprechen« und »reden«. Seiner ersten Bedeutung entsprechend wird das Tao meist durch Weg bzw. Lauf des Wassers, der Dinge, der Natur, der Welt übersetzt. Andere Beispiele für die Übersetzung von Tao sind: Logos, Ratio, Höchstes Wesen und Weltgesetz.

Die eher der zweiten Bedeutung entsprechende frühere Übersetzung von Tao durch »Logos« bzw. »Vernunft« (seit A. Rémusat) erscheint insofern irreführend, als sie durch die

Gleichsetzung von Logos und Gott dem Missverständnis Vorschub leistet, das Tao entspreche dem christlichen Gott. Das *Tao Te King* beginnt mit den berühmten Worten: »Tao Ke Tao Fei Chang Tao«, wörtlich etwa: »Der Weg, den man ›wegen‹ (weisen, zeigen) bzw. nennen kann, ist nicht der beständige Weg.« Der beständige, wahre Weg ist ein Weg ohne Weg, ein Weg, der unter den eigenen Füßen entsteht, indem man ihn geht. Richard Wilhelm übersetzte das Tao mit »Sinn«:

> Der SINN, der sich aussprechen lässt,
> ist nicht der ewige SINN.
> Der Name, der sich nennen lässt,
> ist nicht der ewige Name.

Um diesen Sinn (gemeint ist das Tao) zu realisieren, bedarf es des *Te*. Dieses Schriftzeichen setzt sich aus den beiden Komponenten »aufrichtig« und »Herz« zusammen und wird wohl besser durch das lateinische Wort *virtus* (dt. Kraft, Tauglichkeit, Tüchtigkeit, Virtuosität) als durch »Tugend« im engeren moralischen Sinne übersetzt. Te ist die Wirkkraft des Tao beziehungsweise die Kraft zur Teilhabe am Tao, das selbst durch Einfachheit, Wortlosigkeit, Spontaneität und Natürlichkeit gekennzeichnet ist. Wie Richard Wilhelm anmerkt, wird dieser Begriff, mit dem in Kap. 38 der zweite (titelgebende) Teil des Werkes von Laotse beginnt, in chinesischen Kommentaren definiert als »das, was die Wesen erhalten, um zu leben«. Aus diesem Grund übersetzt Wilhelm das Te auch mit »Leben« und notiert: »Es ist daher bei Laotse das Leben in seiner ursprünglichen, aus dem Tao stammenden Kraft. Allerdings dem Tao als universalem Prinzip gegenüber bedeutet es eine Einschränkung. Es ist der Anteil, den der Einzelne am Tao hat. Man könnte dieses Verhältnis vergleichen mit gewissen indischen Spekulationen über Brahman als Weltgrund und Atman als Grund des mit dem Weltgrund identischen Einzelwesen.«

Ein anderes Schlüsselwort des Taoismus stellt der Begriff des *Weiwuwei* (ein Tun ohne Tun) dar, wobei die Grundformel der taoistischen Ethik ohne Moral *Wuwei* (wörtlich: Nicht-Tun) nicht bloßes Nichts-Tun bedeutet, sondern vielmehr ein natürliches Tun ohne unnötiges Eingreifen in den Gang der Dinge: Beispielsweise wenn man an einer Pflanze zieht, um ihr beim Wachsen zu helfen. Martin Buber schrieb in seiner Schrift *Die Lehre vom Tao* über die Ethik des »Nichteingreifens« in die Natur im Sinne Laotses: »Dieses Tun, das ›Nichttun‹, ist ein Wirken des ganzen Wesens. In das Leben der Dinge eingreifen heißt sie und sich schädigen. Ruhen aber heißt wirken, die eigne Seele reinigen heißt die Welt reinigen, sich in sich sammeln heißt hilfreich sein, sich Tao ergeben heißt die Schöpfung erneuern. (…) Dieses Tun, das ›Nichttun‹, ist ein Wirken aus gesammelter Einheit. In immer neuem Gleichnis sagt es Tschuang-Te, dass jeder das Rechte tut, der sich in seinem Tun zur Einheit sammelt. Wer auf eines gesammelt ist, dessen Wille wird reines Können, reines Wirken, denn wenn im Wollenden keine Scheidung ist, ist zwischen ihm und dem Gewollten – dem *Sein* – keine Scheidung mehr; das Gewollte wird Sein. Dieses Tun, das ›Nichttun‹ steht im Einklang mit dem Wesen und der Bestimmung aller Dinge, das ist mit Tao.«

Im engen Zusammenhang mit dem absichtslosen Handeln steht im Taoismus sodann der Begriff *Ziran*, der wörtlich »das aus sich selbst heraus so Seiende« meint, und zwar im Sinne einer Spontaneität, die dem Tao entspringt und sich im harmonischen Lauf alles Natürlichen zeigt. Dergestalt ist es auch für den Menschen höchst erstrebenswert.

»Der SINN ist ewig ohne Machen, / und nichts bleibt ungemacht.« (Kap. 37), heißt es an zentraler Stelle über das *Wuwei* in der Übersetzung Richard Wilhelms. Eine Aussage Laotses, die zweifellos paradox anmutet, da sich über das Tao nichts einfach aussagen lässt. Das Tao ist das Namenlose und zugleich die »Mutter der Welt«, das Sein und das Nichtsein, dessen mystischer Vereinigung die Welt der Dinge und Menschen entspringt.

Obgleich sich das Tao kaum und wenn überhaupt nur mithilfe von Vergleichen fassen lässt – der deutsche Philosoph Karl Jaspers nannte es eine Chiffre für einen undefinierbaren Gegenstand der Transzendenz –, fällt auf, dass von Laotse durchgängig Bilder des Weiblichen verwendet werden: »Es gibt vielleicht kein zweites Beispiel in der Geistesgeschichte dafür, dass ein so metaphysisches Prinzip wie das Tao mit einer solchen Konsequenz mit dem ›Weiblichen‹ verknüpft wurde.« (Heinrich Zimmer) Ein häufig gebrauchtes weibliches Leitbild stellt dabei das Wasser dar. Das Wasser nährt und ernährt die Wesen, wobei es seinem eigenen Gesetz folgt: »Auf der ganzen Welt / gibt es nichts Weicheres und Schwächeres als das Wasser.« (Kap. 78) Trotzdem wird es niemals vom Festen, Starken besiegt. Dem Wasser eignet etwas Chaotisches, es ist wie ein Strudel, den man nicht bändigen kann. Dergestalt kann das Tao im Vergleich mit dem Wasser als Höchstes Tun und Ohne-Tun, als spontane Kraft und ruhendes Ordnungsgeschehen/Gesetz zugleich aufgefasst werden. Dass Laotse das Tao häufig mit dem Wasser vergleicht, liegt in der Natur dieses Elementes begründet, wie schon Richard Wilhelm herausstrich, »das dadurch so mächtig ist, dass es unten weilt und an Plätzen, die sonst allgemein verabscheut werden, oder er [Laotse, A.d.V.] findet im Tal, im Meer, in den tiefen Strömen ein Gleichnis des

Tao, denn sie alle halten sich unten und können alles Wasser, das in sie einfließt, aufnehmen, ohne voll zu werden oder überzulaufen. Denn auch das Tao ist leer und wird nie voll.«

Am Beispiel des Wassers demonstriert Laotse des Weiteren, dass das weiche, weibliche Prinzip auf lange Sicht hin dem harten, männlichen Prinzip, das mit dem Tod identifiziert wird, überlegen ist: Das weiche Wasser vermag mit der Zeit sogar Steine auszuhöhlen. Stets ist das Weibliche dem Leben viel näher als das Männliche.

Doch welche Leitbilder menschlichen Verhaltens und politischer Herrschaft lassen sich aus diesem Vorstellungskreis ableiten? Im Namen früherer Formen gemeinschaftlichen Lebens kritisieren die Taoisten auf sehr radikale Art und Weise die damalige chinesische Kultur. In diesem Sinne wendet sich das *Tao Te King* beispielsweise gegen den Konfuzianismus und dessen Werte, gegen die gängigen moralischen Klischees von Gut und Böse, gegen den Fortschritt (moderner Ackerbau, Beamtenschaft, Schrift), gegen die Ausbeutung des Volkes und den

Krieg: »Dass das Volk hungert, / kommt davon her, / dass seine Oberen zu viele Steuern fressen.« Sowie »Sind die Waffen stark, so siegen sie nicht.« (Kap. 75 und 76) Im Unterschied zum Konfuzianismus wird im *Tao Te King* fernerhin stärker der Bereich der Natur als der der Kultur betont. Der Taoismus kann mithin als antikonfuzianische, weil antilegalistische Oppositionsbewegung bezeichnet werden. Nichtsdestoweniger gab es des Öfteren den Versuch, eine Synthese zwischen Taoismus und Konfuzianismus herbeizuführen.

Am nächsten kommt dem taoistischen Lebensideal wohl noch das Bild des Goldenen Zeitalters, einer utopischen Erinnerung, wie sie uns auch aus einigen europäischen Mythen überliefert wurde. Selbstredend kann man sich dieser Utopie nur annähern, indem man gewissermaßen »paradox lebt«, das heißt der »Natur gemäß« lebt. Auf das menschliche Verhalten bezogen bedeutet *Wuwei*, Nichttun, mithin: »Beim Nichtsmachen bleibt nichts ungemacht.« (Kap. 48) Oder anders ausgedrückt: Erzeugen, aber nichts besitzen, tun, aber nicht darauf bauen, leiten, aber nicht beherrschen. Darin liegt nach Auffassung des *Tao Te King* die mystische Tugend.

Wie sich das *Wuwei*, die Haltung des Nichttun, konkret zeigt, kann man etwa an den so genannten »weichen Verfahren« sehen, wie sie in China, aber auch in Japan gelehrt und praktiziert werden: Das japanische Judo ist beispielsweise solch ein Verfahren, bei dem der Gegner nicht durch Muskelkraft, sondern durch überlegene Geschicklichkeit besiegt wird: »Das Weibliche siegt immer / durch die Stille über das Männliche.« (Kap. 61) Allerdings setzt dies das richtige Verhalten zu sich selbst und seinem Körper, seiner »Mitte« voraus. Ein anderes Beispiel wäre die Tai-ji-Meditation, bei der weiche, fließende, langsame Bewegungen ausgeführt werden, um Atem, Bewegung und Bewusstsein zu koordinieren und dadurch unter anderem Energieblockaden im Körper zu lösen. Ein besonders anschauliches Beispiel für das *Wuwei* ist, um ein letztes Beispiel zu nennen, die passive Spontaneität des Kalligrafen bei der Ausübung seiner Kunst.

Angewandt auf den Herrscher eines Landes bedeutet *Wuwei*, dass er so behutsam wie nur möglich vorzugehen hat, oder mit dem verblüffend einfachen Bild des *Tao Te King*: »Ein großes Land muss man leiten, /wie man kleine Fischlein brät« (Kap. 60), das heißt, »man darf sie nicht abschuppen, nicht schütteln, nicht verbrennen, sondern muss ganz zart und ruhig mit ihnen umgehen. So fügen sich die Menschen wieder ein in den friedlichen Zustand der Natur, aus dem sie der Wahn herausgerissen hat.« (Richard Wilhelm)

Spirituelle Wege

Wer das *Tao Te King* des Laotse aufmerksam liest, bemerkt rasch, dass es seinem Schöpfer nicht nur um die Darstellung einer metaphysischen Theorie, sondern auch – wenn nicht sogar vornehmlich – um die praktische spirituelle Weisung von Menschen geht. Um das Tao, das Namenlose, erlangen zu können, schlägt Laotse daher im Großen und Ganzen zwei gangbare

Wege vor: einen, der über das Sein führt, und einen anderen, der über das Nichtsein führt. Mit den Worten Richard Wilhelms: »Wenn man darauf gerichtet ist, im Sein den Sinn (= das Tao) zu finden, so wird man die Erscheinungen so betrachten, dass man nicht darin verwickelt wird. Das sind die äußeren Formen des Tao; alles, was erscheint, ist irgendwie eine Auswirkung des Tao: Hohes und Niedriges, Schönes und Hässliches, Gutes und Böses. Nichts gibt es, das nicht sein Dasein hätte durch das Tao, auch dem geringsten Staub versagt es sich nicht. Aber man wird das Tao in der Wirklichkeit der Erscheinung vergebens suchen, wenn man Zwecke und Absichten hat. Je mehr man die Welt durchforscht aus Zwecken und bestimmten Absichten, je mehr man das Begehren pflegt und etwas will und etwas macht, desto mehr wird man verstrickt in die Vereinzelung. Dadurch kommt man aber zum Widersinn, und der ist bald zu Ende.«

Wie der bedeutende deutsche Übersetzer und Herausgeber des *Tao Te King* fernerhin bemerkt, spielt es dabei keinerlei Rolle, ob man sich dem Genuss, der Sinnlichkeit und dem Materiellen oder der Heiligkeit, Gelehrsamkeit und Weisheit hingibt: Denn sobald ein Pol der Wirklichkeit überbetont wird, tritt notwendigerweise der andere hervor und verstrickt einen nur noch tiefer in den Wahn. Daher muss jener, der den Weg zum Tao durch das Sein gewählt hat, die Gegensätze in der Welt der Erscheinungen anerkennen und sich vom Wahn des Begehrens, welcher Form auch immer, befreien, das heißt mithin auch sein Ich ausschalten. Um in Einklang mit dem Tao zu kommen, strebt der Taoist die so genannte »Leere des Herzens« an, das heißt die Losgelöstheit von jenen Gefühlen und Gedanken, die seine Selbstbezogenheit nähren. In Richard Wilhelms Formulierung: »Denn dieses kleine Ich, das die Spanne zwischen Geburt und Tod für sein Leben hält, ist der wahre Grund des ganzen Wahns. Indem es für diese Spanne Zeit etwas begehrt und das Begehrte durch die Magie des Namens (…) verwirklicht, kommen alle die Verwicklungen, die dem Bewusstsein das Tao verdecken. (…) Wenn man die Persönlichkeit ausschaltet, dann gibt es kein Übel irgendwelcher Art mehr. (…) Wenn man dem ewigen Gesetz folgt und nirgends sich verhärtet und erstarrt, so bleibt man im Flusse des Tao drin. (…) So ist dieser Weg über das Äußere, das Sein, ein Weg zum Tao, das ja im Sein ausgebreitet ist, wenn man frei ist vom Wahn und im reinen Schauen dem Meisterstück der ewigen Mutter zusieht …«

Immer wieder betont Laotse dabei, dass sich sein Weg vom Weg des Wissens und Forschens unterscheidet, da Letzterer zwar durchaus nützliche Tatsachen über die Welt anzuhäufen imstande ist, aber nicht das Tao zu gewinnen versteht. Dieser Skepsis gegenüber dem angelernten Wissen begegnet man häufig bei den Taoisten. Für das Erreichen des eigentlichen spirituellen Ziels, dem Einswerden mit dem Tao, müsse man – Richard Wilhelm zufolge – »tiefer hinein in die Innerlichkeit, bis man den Einheitspunkt erlangt hat, wo die einzelne Persönlichkeit die Berührung hat mit der kosmischen Gesamtheit. Von diesem Einheitspunkt aus ermöglicht sich dann die große Wesensschau. Ohne aus der Tür zu gehen, kann man die Welt erkennen. Ohne aus dem Fenster zu blicken, kann man des Himmels Sinn erschauen. Wer diesen Standpunkt hat, der wandert nicht und kommt doch ans Ziel, er schaut nach nichts und ist doch über alles klar, er handelt nicht und bringt doch zur Vollendung.«

Neben der reinen Schau, mittels derer man im Vergänglichen das Wirken des ewigen Tao zu erkennen vermag, gibt es Laotse zufolge noch das Schauen der geheimen Kräfte, das zur Vereinigung mit der Mutter führt. Über diesen zweiten spirituellen Weg, der gleichsam durch das Nichtsein führt, notiert Richard Wilhelm: »Was vorher nur Schauspiel war, wird jetzt Erlebnis. Man kommt zum zeitlosen Einen, zu dem dunklen Tor, aus dem Himmel und Erde, alle Wesen und alle Kräfte hervorquellen. Dieser Weg ist der Weg der Einsamkeit und des Schweigens. Hier flammen Erkenntnisse auf, über die man nicht mit anderen reden kann, die man schweigend verehren muss …« Wie beim ersten Weg über das Sein, führt auch dieser Weg über das Nichtsein von allem Persönlichen, das heißt letzten Endes Sterblichen, hin zur Stille, wo sich alles Sichtbare in wesenlosen Schein auflöst. Kurzum: Er führt aus der Vielheit zurück zur ursprünglichen Einheit, zur Vereinigung mit dem letzten Sinn, zur großen, alles durchdringenden Klarheit.

Wirkung und Aktualität der »Fünftausend-Zeichen-Schrift«

> Es könnte sein, dass, weil (Laotse) in seiner Zeit nicht ganz verstanden worden ist, seine Zeit überhaupt erst im Kommen ist; dass er nicht ein Mann und ein Name der Vergangenheit ist, sondern eine Kraft der Gegenwart und Zukunft. Er ist moderner als die Modernen und lebendiger als viele Lebende.
>
> *Julius Grill: Lao-tses Buch vom höchsten Wesen und vom höchsten Gut*

In eine andere Sprache, nämlich ins Sanskrit, wurde das *Tao Te King* des Laotse erst im 17. Jahrhundert übersetzt. 1788 erfolgte sodann die früheste Übertragung in eine westliche Sprache: Gemeint ist eine lateinische Übersetzung, die auf Jesuitenmissionare in China zurückgeht und als Geschenk an die *Royal Society* nach London gelangte. Diese versuchten im *Tao Te King* christliche Lehren wieder zu entdecken, indem sie beispielsweise das Tao im Sinne der höchsten Vernunft mit (dem christlichen) Gott identifizierten: ein von eurozentrischen Projektionen bestimmter Interpretationsansatz, dessen Einfluss bis ins 20. Jahrhundert zu Richard Wilhelm reichen sollte. Den ersten Versuch einer wirklich authentischen Darstellung des chinesischen Gedankengutes unternahm Mitte des 19. Jahrhunderts der Wissenschaftler Stanislas Julien mit seiner französischen Übersetzung, die als eine sinologische Pionierleistung von hohem Rang gelten kann. Seine Fassung, in welcher das Tao als *voie* (dt. Weg) übertragen wird, übte einen starken Einfluss auf die damalige europäische Bildungselite aus. Ins Englische wurde das Werk 1891 von James Legge und ins Deutsche 1911 von Richard Wilhelm übertragen. Seitdem ist das *Tao Te King* in fast alle Sprachen der Welt übersetzt worden.

Nicht zuletzt vor diesem Hintergrund setzte im Westen die Rezeption des Taoismus im Allgemeinen wie des *Tao Te King* im Besonderen vergleichsweise spät ein. In der deutschen Philosophie war die Einschätzung dieses Werkes – geprägt vom mehr oder weniger negativen Chinabild im 18. und 19. Jahrhundert – zunächst ablehnend. Der deutsche Philosoph Immanuel Kant beispielsweise bezeichnete das »System des Laokiun« als »Ungeheuer«, wobei auch Hegel darin kaum etwas Belehrendes zu finden vermeinte. Eine rühmliche Ausnahme stellte jedoch Gottfried Wilhelm Leibniz dar, indem er sogar dazu anregte, »dass man Missionare der Chinesen zu uns schickt, die uns Anwendung und Praxis einer natürlichen Theologie lehren könnten«. Indes wurde sein Schüler, der Philosoph Christian Wolff, 1721 gezwungen, Halle an der Saale binnen vierundzwanzig Stunden zu verlassen, weil er in einer Rede die natürliche Religion Chinas gelobt hatte. Hätte er die Flucht nicht angetreten, wäre er gehängt worden …

Überraschenderweise gab es Ende des 19., Anfang des 20. Jahrhunderts indes gerade von theologischer Seite wohlwollende Rezeptionen: Für Julius Grill, einen Alttestamentler an der Evangelisch-Theologischen Fakultät in Tübingen sowie Übersetzer des *Tao Te King,* war »Lao-tses Buch vom höchsten Wesen und vom höchsten Gut«. Der katholische Systematiker

Hermann Schell, einer der bedeutendsten Theologen des 19. Jahrhunderts, bekundete sogar: »Unter allen Schriften, in welchen die religiöse Forschung der Menschheit außerhalb des Kreises der alttestamentlichen und neutestamentlichen Inspiration ihre mühsam errungenen Ergebnisse niedergelegt und der Zukunft als Vermächtnis überliefert hat, wird wohl kaum eine zu finden sein, welche dem Büchlein Lao Tse's den Primat streitig machen dürfte.«

Im Großen und Ganzen zeichnete sich eine positive Auseinandersetzung mit dem *Tao Te King* in der Philosophie und Literatur jedoch erst im 20. Jahrhundert ab: Zu nennen sind in diesem Zusammenhang im deutschen Sprachraum die Philosophen Karl Jaspers, der eine vergleichende Studie über Laotse und den buddhistischen Philosophen Nagarjuna schrieb, Ernst Bloch (in seinem Hauptwerk *Das Prinzip Hoffnung*) und Martin Heidegger. Letzterer arbeitete mit dem Chinesen Shih Yi-Hsia an einer Übersetzung des *Tao Te King*. Der jüdische Religionsphilosoph Martin Buber hinterließ einen Aufsatz über *Die Lehre vom Tao*. In Zusammenarbeit mit Richard Wilhelm veröffentlichte auch der Schweizer Psychologe C.G. Jung das taoistische Meditationsbuch *Das Geheimnis der Goldenen Blüte*. Was diesen am Taoismus faszinierte, war unter anderem, dass es einen Zusammenhang zwischen dem »unbewussten Seelenleben« des Menschen und dem Wasser als dem (archetypischen) Symbol des Tao gab und dass die Chinesen die Erkenntnis von der Einheitsidee des Tao als »Das Große Eine« hatten.

Auch Schriftsteller wie Bertolt Brecht (*Legende von der Entstehung des Buches Taoteking auf dem Wege des Laotse in die Emigration*), Alfred Döblin (*Die drei Sprünge des Wang Lun*), Hermann Hesse (dessen Vater, Johannes, ein protestantischer Missionar 1914 ein Buch mit dem Titel *Lao-tse – ein vorchristlicher Wahrheitszeuge* veröffentlichte) und Peter Handke befassten sich eingehend mit den Taoisten und erhielten – nach eigenem Bekunden – aus deren Schriften, namentlich dem *Tao Te King*, Anregungen und Antworten auf ihre Fragen. Elias Canetti behauptete in seinem Buch *Die Provinz des Menschen*, dass der Taoismus die Religion der Dichter sei – »auch wenn sie es nicht wissen« würden. Und in einem Interview beteuerte Luise Rinser einmal, dass ihr in dunklen Zeiten weder das Christentum noch der Buddhismus, sondern »nur die alte chinesische Philosophie: der Taoismus« helfen würde. Darüber hinaus gab es ein starkes Anwachsen populärer Nachdichtungen, die eher dem esoterischen Bereich zuzurechnen sind. Ein Umstand, der auch dazu führte, dass die Taoisten bis heute mehr oder weniger in dieser »esoterischen Isolation« stehen blieben.

Dass die Lehre des *Tao Te King* auch einen politischen Einfluss gezeitigt hat, davon zeugen jene Menschen, die während des Terrorregimes der Nationalsozialisten nicht nur Trost, sondern auch konkrete Weisung zu politischem Handeln bei Laotse fanden: In den Flugblättern der »Weißen Rose« etwa wurde Laotses Werk häufig zitiert.

Ein Interesse für den Taoismus entwickelte Ende der 1950er-Jahre die so genannte Beat-Generation, die eine gewisse Geistesverwandtschaft mit den Taoisten und deren Lebensauffassung entdeckte: Jack Kerouac widmete sein

Buch *The Dharma Bums* dem vagabundierenden Dichter Han Shan aus der Tang-Zeit, dessen überliefertes Büchlein *150 Gedichte vom Kalten Berg* die Beat-Generation in den USA und später auch in Europa stark beeinflusste.

Seit den 1970er-Jahren wurde im Zuge von Fritjof Capras Bestseller *Tao der Physik*, der Übereinstimmungen zwischen den Erkenntnissen moderner Naturwissenschaften und den alten mystischen Ideen feststellte, weltweit eine Flut von Titeln publiziert, die alle möglichen und unmöglichen Begriffe mit dem Tao kombinierten – vom *Tao des Geldes* über das *Tao der Ernährung* bis hin zum *Tao der Sexualität*. Während der letzten Jahrzehnte ist in den westlichen Ländern das Interesse zumindest am so genannten philosophischen Taoismus außerordentlich gewachsen.

Und wie aktuell die im *Tao Te King* vertretenen politischen Anschauungen immer noch sind, lässt sich exemplarisch an drei gesellschaftlichen Phänomenen unserer Zeit erkennen, nämlich am Entwicklungs- und Fortschrittsgedanken, an der vitalen Notwendigkeit, abzurüsten und mit der Umwelt schonend umzugehen: So kann Laotse, der Denker der Sanftmut par excellence, als Verfechter eines einfachen, friedlichen Lebens gelten, dessen Motto »weniger ist mehr« lautete:

> »Ein Land mag klein sein
> und seine Bewohner wenig.
> Geräte, die der Menschen Kraft
> vervielfältigen,
> lasse man nicht gebrauchen.
> (…)
> Ob auch Panzer und Waffen da wären,
> sei niemand, der sie entfalte.«
>
> (Kap. 80)

Entgegen des ruhigen Grundtenors, der das Werk prägt, eifert sich Laotse jedoch, sobald es um den Missbrauch von Gewalt und Waffeneinsatz geht. Seine Worte lassen hierbei nichts an Deutlichkeit zu wünschen übrig:

> »Waffen sind unheilvolle Geräte,
> alle Wesen hassen sie wohl.
> Darum will der, der den rechten SINN hat,
> nichts von ihnen wissen.

(…)
Die Waffen sind unheilvolle Geräte,
nicht Geräte für den Edlen.«

(Kap. 31)

Laotse hat, wie unter anderem schon Richard Wilhelm hervorkehrte, »einen tiefen Einblick in die Biologie des Krieges getan. Er weiß, dass der Krieg nicht mit der Kriegserklärung anfängt und nicht mit dem Friedensschluss aufhört. Er weiß, dass man Kriege vermeiden muss, ehe sie beginnen – und zwar nicht durch Rüstungen, sondern durch Beseitigung der Ursachen eines möglichen Krieges, und er weiß, dass man die Folgen tragen muss, auch wenn der Waffengang vorüber ist. Denn wo Kämpfer weilen, wachsen Dornen und Disteln. Hinter den großen Heeren her kommt sicher eine böse Zeit.«

Da Laotse jedoch alles andere als ein Träumer ist, weiß er auch sehr wohl, dass es Situationen geben kann, in denen der Gebrauch von Waffen unumgänglich ist. In diesem Sinne empfiehlt er dem »Edlen«, nur im äußersten Notfall zur Waffe zu greifen und darin keinen Grund zur Freude zu sehen, denn wer sich trotzdem »daran freuen wollte, würde sich ja des Menschenmordes freuen« und somit »nicht sein Ziel erreichen in der Welt«. Kurzum: »Wer im Kampfe gesiegt, der soll wie bei einer Trauerfeier weilen.« (Kap. 31)

Wie alle Taoisten plädiert auch der Schöpfer des *Tao Te King* für einen respektvollen, sozusagen ökologisch bewussten Umgang mit der Natur, der von gewaltsamen Eingriffen in natürliche Prozesse absieht: Nicht wider die Natur zu handeln, fördert daher das Gedeihen der Dinge, wohingegen ihre »Kultivierung« und Verdinglichung mit großer Skepsis betrachtet werden:

> »Ein Baum von einem Klafter Umfang
> entsteht aus einem haarfeinen Hälmchen.
> (…)
> Wer handelt, verdirbt es.
> Wer festhält, verliert es.
> Also auch der Berufene:
> Er handelt nicht, so verdirbt er nichts.
> Er hält nichts, so verliert er nichts.
> Die Leute gehen an ihre Sachen,
> und immer wenn sie fast fertig sind,
> so verderben sie es.
> Das Ende ebenso in Acht nehmen

wie den Anfang,
dann gibt es keine verdorbenen Sachen.«
(Kap. 64)

Doch damit nicht genug: Auch moderne westliche Philosophien tendieren zu taoistischen Sichtweisen: vom »Vordenker« der Postmoderne Friedrich Nietzsche über den Systemtheoretiker und Soziologen Niklas Luhmann bis hin zum erklärten »EuroTaoisten« Peter Sloterdijk. Von Psychologen, Therapeuten, weltlichen und geistlichen Führern ganz zu schweigen, denen das *Tao Te King* des Laotse immer schon als weiser Ratgeber für den Umgang mit sich selbst und ihren Mitmenschen gedient hat.

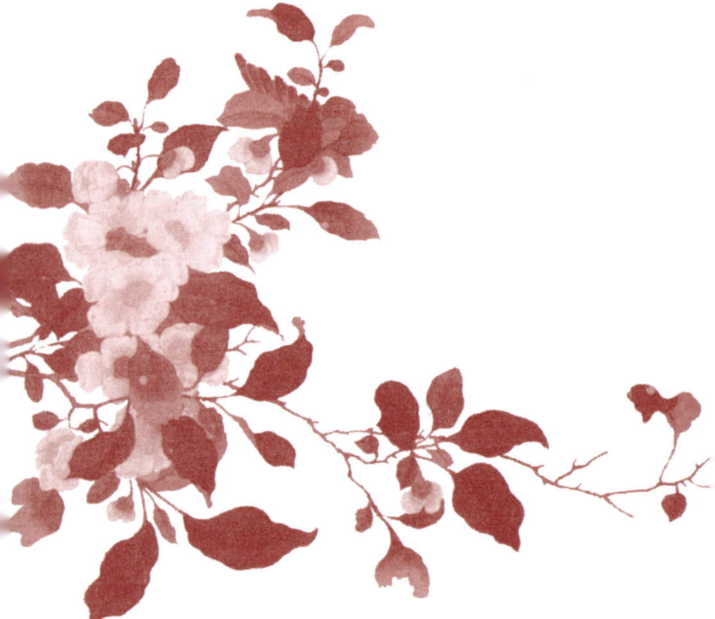

Der Gebrauch der Weisheitskarten

Auf den beiliegenden 40 Weisheitskarten finden die Leserinnen und Leser eine Auswahl der schönsten und wichtigsten Botschaften Laotses aus seinem *Tao Te King*, dem Herzstück der taoistischen Literatur. Die Weisheitskarten können dabei zur Meditation und zur inneren Sammlung dienen und bieten dergestalt kostbare Inspirationen für jeden Tag und jede Lebenslage: Worte aus dem Schatz altchinesischer Weisheit – eine spirituelle Bereicherung der besonderen Art, die nichts an Aktualität eingebüßt hat.

Es ist ratsam, sich beim Gebrauch der Weisheitskarten Zeit zu nehmen und eine ruhige Atmosphäre zu schaffen. Denn eine entsprechende Umgebung fördert naturgemäß auch die nötige Gelassenheit und Konzentration auf die jeweilige Frage. Am besten ist es, wenn man sich dazu einen ruhigen Platz aussucht, wo man ungestört ist und möglichst wenig Außengeräusche (auch kein Telefongeklingel) wahrzunehmen sind.

Bevor man anfängt, sollte man einen Moment ganz still sitzen und sich entspannen. Entweder im Schneidersitz auf dem Boden oder auf einem Kissen oder für weniger bewegliche Menschen auf einem Stuhl. Viele machen dabei auch kurze Atem- und/oder Meditationsübungen. Ob man dazu jedoch ein besonders feierliches, gar »heiliges« Ambiente benötigt – eine spezielle Fläche zum Ausbreiten der Karten, Kerzenlicht, Räucherstäbchen, Duftlampen oder Meditationsmusik –, ist und bleibt eine persönliche Geschmackssache.

Empfehlenswert ist es hingegen, die Karten sorgfältig zu mischen und sich währenddessen – je nach Belieben auch mit geschlossenen Augen – auf die jeweilige Frage zu konzentrieren. Nachdem man die Karten mit der Rückseite nach oben in einem Halbkreis vor sich ausgebreitet hat, sollte man die Karte(n), für die man sich entschieden hat, verdeckt herausnehmen und dann umdrehen. Manche ziehen die Karten nur mit der linken Hand, weil diese bekanntlich

»vom Herzen kommt« und das intuitive Gefühl beziehungsweise das Unterbewusste symbolisiert und damit auch fördert.

Was die Häufigkeit des Ziehens einer oder mehrerer »Weisheitskarte(n)« betrifft, so ist es ratsam, zu einer bestimmten Frage nicht immer wieder aufs Neue die Karten zu befragen und wie im Falle der »Tageskarte« höchstens eine in 24 Stunden zu ziehen.

Im Folgenden werden drei verschiedene Methoden des Kartenziehens vorgestellt, die Tageskarte, die Problemlösungskarte sowie die Meditationskarte:

Die Tageskarte

Wie der Name schon sagt, kann man eine gezogene Weisheitskarte beispielsweise zur persönlichen Tageskarte und somit zum Begleiter durch den Alltag machen. Das heißt, man sollte den gewählten Weisheitsspruch – was einem an diesem Tag auch passieren mag – im Hinterkopf behalten und sich immer mal wieder auch bewusst ins Gedächtnis zurückrufen. Er kann einem dergestalt helfen, tagsüber auch unter schwierigen Umständen achtsamer, gelassener und glücklicher zu bleiben. Es empfiehlt sich, die Tageskarte gleich nach dem Aufstehen zu ziehen und den Tag über auch bei sich zu führen beziehungsweise an einem gut sichtbaren Platz, zum Beispiel auf dem Bürotisch, aufzustellen.

Die Problemlösungskarte

Eine andere gute Möglichkeit, die Weisheitskarten einzusetzen, besteht darin, sie als Problemlösungshilfe zu gebrauchen. Hat man ein Problem, zieht man eine Karte und versucht, die Weisheit dieser Karte damit zu verbinden. So lässt sich oftmals der eigentliche, wahre Grund erkennen, der sich hinter dem Problem verbirgt. Wichtig ist es dabei, die Frage so klar und deutlich wie nur möglich zu formulieren. Ja/Nein-Fragen eignen sich jedoch wenig zur Beantwortung durch diese Karten, weil die Weisheiten kein klares Entweder/Oder beinhalten, sondern vielmehr komplexe Informationen vermitteln.

Geeignete Fragen wären zum Beispiel folgende:

– *Was verbirgt sich wirklich hinter meinem Problem? Und was kann ich tun, um dieses zu lösen?*
– *Welchem Aspekt meines Lebens sollte ich künftig größere Achtsamkeit schenken?*
– *Welche Eigenschaften sollte ich stärker entwickeln, um achtsamer, gelassener und zufriedener zu werden?*

Die Meditationskarte

Natürlich kann man eine gezogene oder – speziell bei dieser Methode – auch bewusst ausgewählte Karte zur Meditation oder Beschauung benutzen. Eine geeignete Möglichkeit besteht darin, die Karte auf der stabilen Box zu platzieren, die auch als »mobiler Altar« dienen kann. Dabei sollte man versuchen, sich der jeweiligen Botschaft der Karte sowohl auf einer intellektuell-verstandesmäßigen als auch auf einer intuitiv-gefühlsmäßigen Ebene zu nähern: Das heißt während der Meditation über die jeweilige Weisheit des *Tao Te King* von Laotse darauf zu achten, welche Gefühle, Bilder und Gedanken im eigenen Bewusstsein aufsteigen, ohne diese gleich bewerten oder logisch einordnen zu wollen, denn, wir erinnern uns:

> Der SINN, der sich aussprechen lässt,
> ist nicht der ewige SINN.
> Der Name, der sich nennen lässt,
> ist nicht der ewige Name.

Literatur

Coogan, Michael D. (Hg.): Weltreligionen. Das neue illustrierte Handbuch, aus dem Englischen von Susanne Staatsmann, Christian von Somm und Malte Ecker, Kap. »Chinesische Traditionen«, S. 198–235.

Darga, Martina: Der Daoismus (Taoismus) in: Geschichte und Gegenwart, in: Harenberg Lexikon der Religionen. Die Religionen und Glaubensgemeinschaften der Welt. Ihre Bedeutung in Alltag, Geschichte und Gesellschaft, Harenberg Verlag, Dortmund 2002, S. 799–809.

Darga, Martina: Laotse, Heinrich Hugendubel Verlag, Kreuzlingen/München 2003.

Debon, Günter: Lao-tse, Tao-Te-King, Stuttgart 1961.

Eliade, Mircea/Culianu Ioan P.: Handbuch der Religionen, unter Mitwirkung von H.S. Wieser: aus dem Französischen von Liselotte Ronte, Suhrkamp Verlag, Frankfurt a.M. 1995, Kap. »Der Taoismus«, S. 313–319.

Grabner-Haider, Anton/Weinke, Kurt (Hg.): Meisterdenker der Welt. Philosophen – Werke – Ideen, Böhlau Verlag, Wien/Köln/Weimar 2004, Kap. »Chinesische Kultur«, S. 161–170.

Kaltenmark, Max: Lao-tzu und der Taoismus, Suhrkamp Verlag, Frankfurt a.M. 1981.

Küng, Hans/Ching, Julia: Christentum und Weltreligionen. Chinesische Religion, Piper Verlag, München/Zürich 2000.

Küng, Hans: Spurensuche. Die Weltreligionen auf dem Weg, Piper Verlag, München/Zürich 2004, Kap. »Chinesische Religion«, S. 97–151.

Laotse: Tao Te King. Das Buch vom Sinn und Leben, übersetzt und mit einem Kommentar von Richard Wilhelm, Diederichs Gelbe Reihe, Heinrich Hugendubel Verlag, Kreuzlingen/München 2004.

Möller, Hans-Georg: Laotse (Lao-tse). Meister der Spiritualität, Verlag Herder, Freiburg/Basel/Wien 2003.

Needham, Joseph: Science and Civilisation in China, Cambridge 1959.

Reiter, C. Florian: Taoismus zur Einführung, Junius Verlag, Hamburg 2000.

Rouselle, Erwin: Lau-Dsis Weg durch Seele. Geschichte und Welt, E. Keimer Verlag, München–Neuburg 1973.

Schwarz, Ernst: Laudse. Daudedsching, München 1980.

Sloterdijk, Peter: Eurotaoismus, Suhrkamp Verlag, Frankfurt a.M. 1996.

Viktor von Strauß: Lao-tse. Tao Te King, Leipzig 1870.

Walker, Brian: Laotses unbekannte Lehren. Das Hua-Hu Ching, übersetzt von Ingrid Hills und Juliane Molitor, herausgegeben von Richard Reschika, Aurum Verlag, Bielefeld 2003.

Watts, Alan: Der Lauf des Wassers, Suhrkamp Verlag, Frankfurt a.M. 1983.